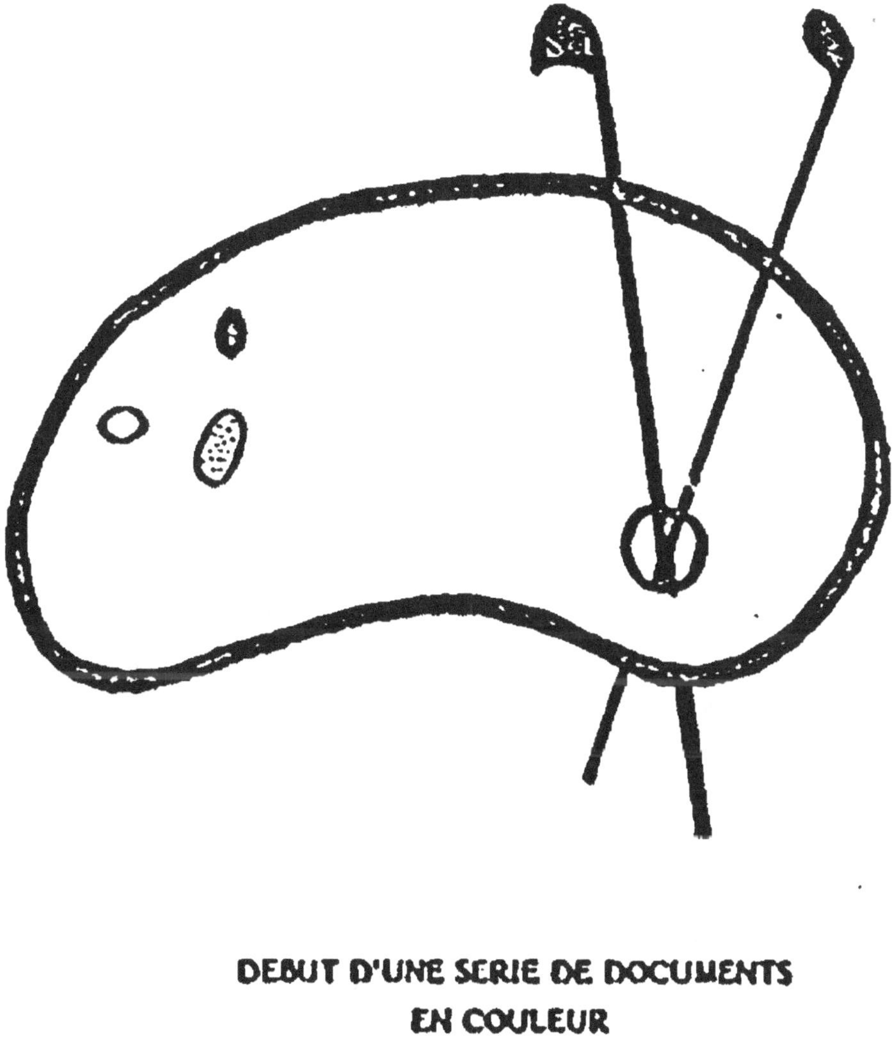

DEBUT D'UNE SERIE DE DOCUMENTS
EN COULEUR

Couverture inférieure manquante

LES
ESPAGNOLS CHRÉTIENS

DU HAUT MOYEN-AGE

Par le R. P. J. TAILHAN

De la Compagnie de Jésus

(Extrait des *Études religieuses, historiques et littéraires*)

PARIS

IMPRIMERIE VICTOR GOUPY

RUE GARANCIÈRE, 5

1870

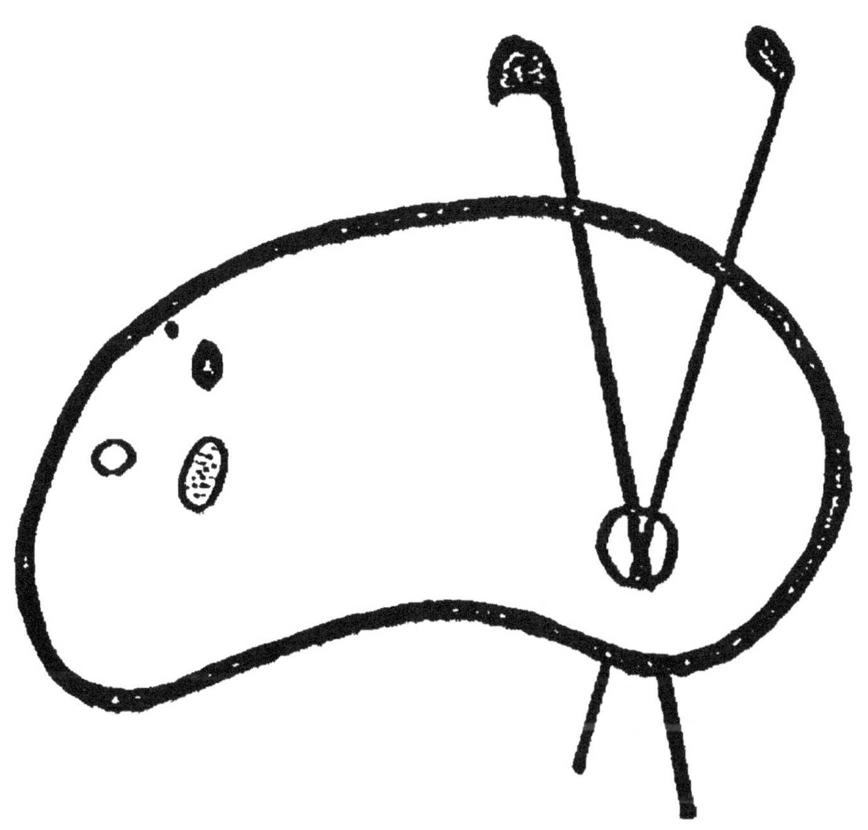

FIN D'UNE SERIE DE DOCUMENTS
EN COULEUR

LES ESPAGNOLS CHRÉTIENS

DU

HAUT MOYEN AGE

Dozy. *Histoire des Musulmans d'Espagne.*—Berganza, *Antigüedades de España,*
— Florez, *España Sagrada.*

Lorsque Alphonse le Grand, roi des Asturies, mourut en 913, après quarante-quatre années de combats et de triomphes dont l'éclat ne fut obscurci par aucun revers, l'Espagne chrétienne se trouvait portée à un degré de prospérité et de puissance qu'elle ne dépassa qu'aux jours glorieux de Ferdinand I et d'Alphonse VI. Son territoire, dont les conquêtes du roi défunt avaient doublé l'étendue, se repeuplait rapidement ; les vieilles cités renversées cent ans auparavant par les Sarrasins sortaient de leurs ruines, et des villes nouvelles s'élevaient pour couvrir les frontières récemment acquises. De ces postes avancés, solidement assis sur les bords du Mondégo et du Duero, des bandes aguerries de Galiciens ou de Léonais, s'élançant périodiquement sur les provinces musulmanes, livraient au pillage les riches vallées du Tage et du Guadiana. Décidément, la fortune avait changé de parti. Un siècle plus tôt, les chrétiens, à peu près bloqués dans le nord de la Galice et dans les Pyrénées asturiennes ou cantabres, voyaient chaque année les flots de l'invasion arabe battre le pied de leurs montagnes, y pénétrer même parfois, et renverser la ville naissante d'Oviedo[1]. Aujourd'hui (881-918), les armées chrétiennes, prenant hardiment l'offensive, poussent leur pointe vers le sud jusqu'à la Sierra-Morena, y mettent en déroute les milices du sultan de Cordoue, et se consolent des humiliations et des désastres infligés à leurs ancêtres, en voyant prosternés à

---

[1] Une inscription placée dans l'Église de Saint-Sauveur d'Oviedo par Alphonse le Chaste, vers l'an 802, nous a transmis le souvenir de la destruction de cette église par les Sarrasins, dans le cours des années précédentes. Cf. *España Sagrada*, t. XXXVII, p. 140.

leurs pieds les Maures éperdus de Badajoz et de Mérida[1].

Certes, pour nous catholiques, c'est là un magnifique spectacle ; et je ne sache rien de plus propre à réconforter les cœurs attristés des misères présentes, qu'un retour sur ce passé qu'ont illustré par tant de hauts faits nos frères et nos concitoyens en Jésus-Christ et en son Église.

Est-il prudent toutefois de se livrer sans réserve aux entraînements d'une admiration enthousiaste? N'y aurait-il pas ici quelque illusion à craindre? Si la justice de la cause vaillamment défendue par les populations hispano-gothiques du nord de la Péninsule mérite nos sympathies les plus ardentes, pouvons-nous en dire autant de ceux qui, au IXe siècle et au Xe, s'en constituaient les vengeurs? Furent-ils, par l'ensemble de leurs qualités morales à la hauteur de la mission qu'ils s'étaient donnée? Ne faudrait-il pas plutôt voir en eux d'indignes soldats d'une sainte cause, et, qui pis est, les ennemis les plus redoutables de la civilisation en Espagne?

Un très-savant homme et — ce qui ne gâte rien — un homme de beaucoup d'esprit, s'est posé bien avant moi toutes ces questions, et les a résolues avec un merveilleux entrain. A l'en croire, dans la lutte alors engagée entre les chrétiens et les Sarrasins, les premiers ne représentaient que la barbarie ; et si, par malheur, l'islamisme eût succombé, au Xe siècle, sous l'effort de leurs armes, la patrie espagnole n'aurait pu que perdre à ce triomphe prématuré des champions de la croix.

Cette solution est-elle acceptable? Je ne le pense pas. Mais avant d'en démontrer l'inexactitude, écoutons celui qui la propose. M. Dozy n'abusera pas de notre patience.

« L'issue de cette campagne[2] augmenta naturellement l'au-
« dace des Léonais... Ils regardaient de plus en plus l'Es-
« pagne musulmane comme une proie qui ne pouvait leur
« échapper. Tout les portait vers le midi. Pauvres à un tel
« degré qu'ils échangeaient encore, faute de numéraire, des

---

[1] Cf. Chron. Albeld., c. CLXXVIII, dans Berganza, *Antiguedades de España*, t. II, p. 538, et monach. Silensis chron., § 44, *ibid*, p. 522. Florez a réédité ces deux chroniques dans les quatorzième et dix-septième volumes de son *Esp. Sagr.*

[2] Celle de 901, où Alphonse III battit complétement et tua le mahdi Ahmed-ibn-Moâwia (Alcaman de Sampire). Cf. Dozy, *Hist. des Musulm.*, t. III, p. 27, svv., et Sampire, chron., c. XIV.

« objets contre d'autres objets[1], et instruits par leurs prêtres,
« auxquels ils étaient aveuglément dévoués et qu'ils com-
« blaient de dons, à regarder la guerre contre les infidèles
« comme le plus sûr moyen de conquérir le ciel, ils cher-
« chaient dans l'opulente Andalousie et les biens de ce monde
« et ceux de l'autre. L'Andalousie échapperait-elle à leur
« domination? Si elle succombait, le sort des Musulmans se-
« rait terrible. Fanatiques et cruels, les Léonais donnaient
« rarement quartier; d'ordinaire, quand ils avaient pris une
« ville, ils passaient tous les habitants au fil de l'épée. Quant
« à une tolérance comme celle que les Musulmans accordaient
« aux chrétiens, il ne fallait pas l'attendre d'eux. Que devien-
« drait d'ailleurs la brillante civilisation arabe... sous la domi-
« nation de ces barbares qui ne savaient pas lire; qui, quand ils
« voulaient faire arpenter leurs terres, devaient se servir de
« Sarrasins[2]; et qui, quand ils parlaient de *bibliothèque*, en-
« tendaient par là l'Écriture sainte[3]? » M. Dozy revient ailleurs,
et par deux fois, sur le même sujet : « La barbarie les envahit
« (*les chrétiens du nord de l'Espagne*) à un tel point, que pen-
« dant cent soixante-dix ans il n'y eut personne parmi eux
« qui écrivit l'histoire de leur patrie[4]. » Tous au reste, « Léo-
« nais, Castillans, Navarrais, étaient pauvres, avides et mau-
« vais patriotes[5]. »

C'est tout, et franchement c'est bien assez. Cruauté dans la
guerre, fanatisme en tout temps, absence à peu près complète
de patriotisme, ignorance grossière et pauvreté poussée au
dernier degré, tel est le spectacle qui s'offre aux regards de
l'éminent historien, lorsque les détournant de l'Espagne arabe,
il les reporte sur l'Espagne chrétienne des Pélage, des Ramire, des Alphonse et des Ordoño.

Il était difficile, on en conviendra, d'accumuler en moins de
lignes de plus odieuses accusations contre l'honneur de tout
un peuple. La justice exigeait donc que l'auteur les appuyât

---

[1] Charte chez Sota, escr. I ; autre charte (de l'année 993) dans l'*Esp. Sagr.*,
t. XIX, p. 383 (note de M. Dozy).
[2] Charte chez Berganza, I, p. 197, col. 2, ligne 6 (note de M. Dozy).
[3] Dozy, *Hist. des Musulm. d'Esp.*, III, p. 30, 31.
[4] Le même, *Recherches sur l'hist. et la litter. de l'Esp.*, I, p. 16. (2e édit.)
[5] Le même, *Hist. des musulm.*, III, p. 186.

de preuves vraiment démonstratives et propres à porter la conviction dans les esprits les plus rebelles. M. Dozy n'a pas jugé à propos de se donner cette peine. Les plus graves de ses imputations sont émises sous forme d'axiomes indiscutables, et s'imposent ainsi d'autorité à la croyance des lecteurs bénévoles. Ces procédés autocratiques ne sont pas de mise en histoire; et je ne me les explique pas chez un écrivain aussi sérieux et aussi instruit. C'est là une énigme dont je laisse à d'autres le soin de trouver le mot. Mais, en ma qualité de catholique, j'ai voulu avoir le cœur net des reproches sanglants adressés à mes frères dans la foi, à ceux qui, pendant près de huit siècles l'ont défendue avec tant de constance et de dévoûment contre ses plus acharnés adversaires. M'aidant des chroniques et des autres documents historiques de la vieille Espagne chrétienne, j'ai donc cherché ce qu'il y avait de vrai, de faux ou d'exagéré dans les assertions du savant professeur de Leyde. Cette enquête commencée il y a cinq ans, et continuée depuis lors sans interruption, m'a conduit à des conclusions toutes opposées à celles que l'historien des Musulmans a tirées de ses propres études. Le lecteur auquel je soumets dans les articles qui vont suivre le résumé des miennes, pourra juger en connaissance de cause de quel côté se trouve la vérité.

1°

CRUAUTÉ ET FANATISME COMPARÉS DES CHRÉTIENS INDÉPENDANTS ET DES ARABES DE L'ESPAGNE

I

« Les Léonais », nous assure-t-on, — et par *Léonais*, M. Dozy entend ici toutes les populations des royaumes chrétiens du nord-ouest de la Péninsule, — « les Léonais donnaient rarement quartier. D'ordinaire, quand ils avaient pris une ville, ils passaient tous les habitants au fil de l'épée[1]. » Voilà qui est bientôt dit : malheureusement les historiens contemporains contredisent cette assertion. Dans un récit qui embrasse près de deux siècles (712-866 et 883), ces historiens n'entrent dans quelques détails que sur la prise de cinq villes ou forte-

[1] Dozy, *Hist.*, III, 31.

resses musulmanes par les chrétiens d'Espagne : Sainte-Christine, sous Alphonse le Chaste ; Albelda et Talamanca, sous Ordoño I ; Deza et Atienza, sous Alphonse le Grand. Or, de ces cinq places, une (Atienza) se rendit aux Espagnols par capitulation, et l'on ne voit pas que ses habitants aient eu à souffrir quoi que ce soit, tant dans leurs personnes que dans leurs biens[1]. Les quatre autres furent emportées d'assaut et leurs défenseurs égorgés ; mais les femmes, les enfants, les vieillards, bref, tous ceux des musulmans qui n'étaient pas en état de porter les armes eurent la vie sauve[2]. On m'objectera peut-être le passage de la chronique d'Alphonse III, où il est dit que le premier roi asturien de ce nom égorgea *tous* les Sarrasins des villes nombreuses dont il se rendit maître dans le cours de son expédition en Galice, en Portugal et dans les provinces qui formèrent plus tard le royaume de Léon[3]. Mais ce fait isolé ne constituerait, à tout prendre, qu'une exception à la règle généralement suivie par les Espagnols d'épargner les populations inoffensives ; règle dont nous venons de constater l'existence. M. Dozy ne saurait d'ailleurs admettre l'*universalité* de ce massacre, lui qui fait remonter l'origine des Mauregates de la province d'Astorga aux Berbers musulmans épargnés par Alphonse et restés dans le pays[4].

Il est donc bien établi que d'ordinaire, — je pourrais dire toujours, même dans les cités enlevées de vive force, — les chrétiens du Nord épargnaient la plus grande partie des populations musulmanes, et ne passaient au fil de l'épée que les Maures ou Arabes pris les armes à la main. Nous sommes loin, comme on le voit, de l'affirmation de M. Dozy.

[1] « Antezam pace adquisivit. » Chronic. Albeld., c. LXI (*Esp. Sagr.*, t. XIV).

[2] « Rex vero Ordonius omnem exercitum ad civitatem (*Albeldam*) applicavit :
In eam quoque septimo die irruptionem fecit.
Omnes *viros gladiatores* gladio interfecit...
Aliam vero consimilem civitatem Talamancam... capit :
Bellatores eorum omnes interfecit :
Reliquum vero vulgus cum uxoribus et filiis... vendidit. » Adefonsi III *chron.*, c. XXVI.
Pour les autres villes citées dans le texte, voyez *ibid.*, c. XXII (*édit. Berganza*), et Sampire, *chron.*, c. XLIX (recension du moine de Silos), dans Berganza, *Antiguedades*, II, 524.

[3] « Omnes quoque Arabes, occupatores supradictarum civitatum interficiens, christianos secum ad patriam duxit. » Adefonsi III, *chron.*, c. XV.

[4] Dozy, *Recherches*, I, p. 133-135.

Ces égorgements partiels ne suffiraient-ils pas toutefois à justifier le reproche spécial de cruauté adressé aux chrétiens espagnols? Non, à moins que, par oubli d'une des règles les plus élémentaires de la critique historique, on se refuse à tenir compte des changements que neuf siècles écoulés, depuis Alphonse III jusqu'à nos jours, ont amenés dans les idées et les mœurs des nations.

Lorsque, sous les successeurs de Pélage, Léonais et Sarrasins bataillaient sur les bords de l'Orbigo, du Minho ou du Duero, il y avait déjà quatre mille ans que l'extermination de la garnison d'une ville emportée de vive force, et l'esclavage du reste des habitants, étaient entrés dans les habitudes du monde barbare ou civilisé. Au sein de notre Europe chrétienne, cette sanglante coutume ne prit guère fin, dans ce qu'elle offrait de plus cruel, qu'au milieu du XVIIᵉ siècle[1]. Nos pères l'ont vu même refleurir plus abominable que jamais sur le sol de la France, au soleil de 93, dans les guerres civiles qui désolèrent alors nos provinces[2]. Pourquoi donc s'étonner de la trouver en pleine vigueur chez les Asturiens ou les Léonais? Pourquoi surtout jeter à ce propos l'accusation de barbarie à la face de braves gens, dont le seul crime fut d'appliquer à d'iniques agresseurs une loi de la guerre alors et depuis universellement acceptée comme légitime?

L'injustice est ici d'autant plus criante que, dès leur entrée dans la Péninsule, les Sarrasins se montrèrent impitoyables pour tous les Espagnols qui essayèrent de leur résister. Les villes prises d'assaut furent livrées par les vainqueurs au pillage et à l'incendie ; leurs plus nobles citoyens, égorgés, crucifiés ou vendus comme un vil bétail ; bref, au témoignage d'un écrivain du temps, qui vit peut-être de ses propres yeux les malheurs de l'invasion, les musulmans déchaînés sur l'Espagne y renouvelèrent toutes les horreurs dont les villes de Troie, de Babylone et de Jérusalem avaient été le théâtre au jour de leur ruine[3].

[1] Voyez, dans les historiens anglais, le récit des campagnes de Cromwell et de ses têtes-rondes en Irlande.

[2] Ai-je besoin de rappeler au lecteur les atrocités commises par les proconsuls et les armées de la Convention, à Lyon, à Toulon et dans la malheureuse Vendée ?

[3] Cf. Isidori Pacensis *Chron.*, c. XXXVII, XXXVIII, édit. de Berganza.

M. Dozy a lu comme nous et avant nous ce lamentable récit.
Il n'en conteste ni l'impartialité ni l'exactitude[1]; mais il ne se
déconcerte pas pour si peu. Les victimes sont des chrétiens,
et les bourreaux des musulmans: cela lui suffit et le met à
l'aise. Noyant donc dans un clair-obscur indulgent ces odieux
méfaits, il écrit sur son plus beau papier et de sa meilleure
encre les lignes suivantes : « En général, la conquête ne fut
« pas une grande calamité... Au commencement, les musul-
« mans pillèrent quelques endroits, brûlèrent quelques villes[2],
« pendirent des patriciens qui n'avaient pas eu le temps de
« se sauver, et tuèrent des enfants à coups de poignard[3].
« Mais le gouvernement arabe réprima bientôt ces désor-
« dres et ces atrocités[4]. » Pas assez tôt toutefois pour em-
pêcher que l'Espagne, mise à feu et à sang d'un bout à l'autre,
n'eût auparavant été dépouillée de ses richesses les plus pré-
cieuses et de la fleur de sa population que les vainqueurs se
partagèrent entre eux, ou envoyèrent au calife de Damas. Un
fait raconté par Isidore de Béja montre, mieux que tout le
reste, avec quelle âpreté les Arabes envahisseurs s'étaient, an-
térieurement à toute répression, livrés à la curée du pays conquis par leurs armes. Mouzâ, leur chef, rappelé subitement
de Tolède à Damas, déposait aux pieds du successeur de Mahomet l'immense butin qu'il avait mis en réserve pour le ca-

[1] Cf. Dozy, *Hist. des Musulm.*, II, 42; et *Recherches*, t. I, p. 4.

[2] *Quelques endroits, quelques villes,* est joli. On ne pouvait traduire plus li-
brement ce passage d'Isidore :

> « Non solum ulteriorem Hispaniam,
> Sed etiam citeriorem,
> Usque ultra Cæsaraugustam,
> Antiquissimam et florentissimam civitatem...
> Gladio, fame et captivitate denopulat,
> Civitates decoras, igne concremando præcipitat...
> Pacem, *nonnullæ* civitates quæ residuæ erant, etc. etc. »

Ainsi, l'expression *quelques* (nonnullæ) s'applique dans Isidore, non aux villes
détruites, mais aux villes *échappées* à la ruine générale. Quant à la dévastation
et au pillage, ils s'étendirent de Cadix à Sarragosse et au-delà. Est-ce là ce que
M. Dozy entend par *quelques endroits ?*

[3] Lisez : « Misent en croix *les* seigneurs et *les* nobles, poignardèrent *les* enfants à la mamelle et *les* adolescents.

> Seniores et potentes seculi cruci adjudicat,
> Juvenes atque lactentes pugionibus trucidat. » Isid., c. XXXVII.

[4] Dozy, *Hist. des Musulm.*, II, 38.

life. Mais la colère de celui-ci contre son général victorieux ne s'apaisa point à la vue des monceaux d'or, de bijoux, de pierreries et des troupeaux d'esclaves de choix dont on lui faisait hommage[1]. Pour échapper à la torture qui le menaçait, Mouzà dut encore se résigner à verser dans le trésor de son souverain une amende de deux millions de sous d'or ou d'argent[2]. Or, ajoute l'historien, le conquérant de l'Espagne s'estima fort heureux d'acheter sa grâce à si bon marché, cette somme énorme lui paraissant une bagatelle[3]. Si les compagnons de Mouzà pillèrent en proportion, — et qui peut en douter? — il ne devait guère rester aux vaincus que les yeux pour pleurer, quand l'ordre et la tranquillité commencèrent à se rétablir.

A vrai dire, la paix ne se rétablit jamais complétement. Les désordres et les cruautés de la première heure, réprimés à grand'peine par un gouverneur, reprenaient de plus belle sous celui qui le remplaçait. Si, par exemple, après l'assassinat d'Abdélaziz, fils de Mouzà, Alahor, son successeur, met un terme aux déprédations dont les chrétiens étaient victimes, leur restitue ce qu'il peut ressaisir des biens qu'on leur avait volés, et châtie cruellement les Maures pillards[4]; Ambiza, au bout de peu d'années, double d'un seul coup, au mépris des capitulations, les taxes imposées aux Espagnols, et donne aux Maures et aux Arabes toute liberté de pressurer ces chiens de chrétiens, trop heureux qu'on veuille bien leur laisser la vie sauve[5]. On ne la leur laisse même pas toujours; car c'est vers ce temps-là, ou peu après, qu'un des compagnons de Tàric,

---

[1] Isid. de Beja, c. XXXIX et XLI. D'après un chroniqueur arabe du XIᵉ siècle, le chiffre des captifs présentés à Walid par Mouzà s'élevait à cent mille (Dozy, *Recherches sur l'hist. d'Esp.*, I. 79).

[2] Cinquante-quatre millions de francs supposé qu'il s'agisse de sous d'argent, et que cette monnaie eût en Espagne la valeur que Guérard attribue au sou d'argent mérovingien de la même époque. Cf. Polyptique d'Irminon, § 77, n. 1, et 78, n. 1, p. 155, 157. Si l'on ne donne au sou espagnol qu'une valeur égale au dinhar de Cordoue, l'amende, payée par Mouzà, se réduirait à 13 millions de notre monnaie.

[3] « Mille millia et decies centena millia solidorum numero damnans... quod ille... pro multa opulentia, parvum impositum onus existimat. » Isid. de Béja, c. XLI.

[4] *Id. ibid.*, c. XLVI (44, édit. Florez).

[5] *Id. ibid.*, c. LII (Florez, 52, 53, 54).

le berber Munnuza, récemment battu par Pélage dans les Asturies, se consolait de sa mésaventure en égorgeant les habitants de la Cerdagne et leur évêque[1]. Le successeur d'Ambiza,
le sévère et probe Yahyâ, fait une seconde fois rendre gorge
aux voleurs publics et aux spoliateurs des chrétiens[2]; mais à
peine est-il mort ou parti, que les exactions et les avanies re-
commencent avec plus d'ardeur que jamais. Elles se renouvelèrent tant et si bien que vingt-cinq années après l'invasion
musulmane, la ruine totale de l'Espagne romano-gothique était
un fait accompli. Décapitée de ses chefs naturels, privée de sa
liberté, dépouillée de ses biens, cette pauvre Espagne se dé-
battait dans une agonie d'autant plus cruelle que l'espérance
de la résurrection, cachée encore au fond des Asturies, n'en
adoucissait pas les angoisses[3]. Or, veut-on savoir qui lui porta
le dernier coup? Un Arabe de la vieille roche, un noble Médi-
nois nourri des plus authentiques enseignements de son faux
prophète, l'émir Abdelmelic. Revenant sur les souvenirs de sa
jeunesse, et revoyant dans sa pensée les splendeurs dont sa
patrie déjà captive brillait encore lorsque cet avide spoliateur
en prit le gouvernement, Isidore en comparait l'éclat à celui de
la grenade d'Andalousie ou de Portugal, si belle au mois d'août
dans la robe d'or et de pourpre dont le soleil l'a revêtue. Eh
bien! quand elle tomba des mains d'Abdelmelic, cette grenade
merveilleuse n'était plus qu'une de ces écorces arides qu'on
jette et foule aux pieds[4].

Ah! si quelque peuple chrétien se fût jamais rendu cou-
pable d'une agression aussi injuste, s'il eût commis, après sa
victoire, la dixième partie des atrocités dont la conquête de la
Péninsule par les Arabes se vit accompagnée et suivie, les his-

---

[1] *Id. ibid.*, c. LVI (Florez, 53).
[2] *Id. ibid.*, c. LII (Florez. 54).
[3] *Id. ibid.*, c. LV (Florez, 60).
[4] *Id. ibid.:* « Abdelmelic, ex nobili familia
 Super Hispaniam dux mittitur ad principalia jussa.
 Qui dum eam, post tot tantaque pericula,
 Reperit omnibus bonis opimam,
 Et ita floride post tantos dolores repletam,
 Ut diceres augustalem esse malogranatam :
 Tantam in eam per quatuor annos irrogat petulantiam,
 Ut paulatim labefactata,
 A diversis ambagibus maneat exsiccata, etc. »

toriens de toute langue flétriraient ces excès avec une verve intarissable d'indignation. Voyez plutôt l'héroïque Cortez diffamé sans relâche depuis trois cents ans, et poursuivi aujourd'hui encore, en France du moins, par un concert d'injures et de malédictions exécuté avec un ensemble merveilleux[1]. Et cependant les cruautés vraies ou prétendues de ce grand homme, le plus grand peut-être de son siècle et de beaucoup d'autres, pâlissent et s'effacent devant les sanguinaires et inexcusables violences de Târic, de Mousâ et de la plupart de leurs successeurs. Mais aussi pourquoi ce héros mal avisé n'at-il pas coiffé du turban ses compagnons d'aventure? Que n'invoquait-il Allah en abordant au Mexique? La libre pensée et l'hérésie l'eussent peut-être absous ; elles ne lui refuseraient pas du moins le bénéfice des circonstances atténuantes, et dans les histoires qu'elles inspirent nous lirions que, « en général, la conquête » de ce pays par les Espagnols « ne fut pas une grande calamité. »

II

Le souvenir de Cortez et des calomnies dont il a été l'objet portera peut-être quelqu'un de mes lecteurs à se demander s'il est prudent d'ajouter une foi entière à mon récit des cruautés et des brigandages dont l'Espagne fut le théâtre aux premières années de l'invasion. Isidore de Beja, auquel j'en ai emprunté les matériaux, ne serait-il pas d'aventure un Las Casas du viiie siècle, acceptant aveuglément, inventant même les fables les plus invraisemblables et les plus étranges, dès qu'elles tournent au déshonneur des conquérants de sa patrie[2] ou des vainqueurs de ses clients? Je réponds sans

---

 · J'ai dit : « en France du moins. » Car si nous sommes condamnés à entendre répéter par nos écrivains, et même par certains de nos orateurs sacrés, les misérables calomnies mises en circulation par le trop crédule Las Casas, il y a déjà longtemps qu'en Amérique d'abord, puis en Angleterre, deux historiens consciencieux en ont fait bonne justice. Cf. Prescott, *Hist. of the conquest of Mexico*, t. II, p. 316-320, et Arthur Helps, *The spanish conquest in America*, t. III, p. 3-13.

 * Sur les *erreurs volontaires* de Las Casas — je me sers à dessein du terme le plus doux, — voyez l'introduction placée en tête de la nouvelle édition de Fernand d'Oviedo (*Historia general de las Indias*) publiée récemment à Madrid sous les auspices de l'Académie de Histoire.

hésiter qu'une telle appréhension serait aussi injuste que mal fondée. L'impartialité et la véracité du vieux chroniqueur latin éclatent à chaque ligne de son histoire. Qu'il s'agisse des Sarrasins ou de ses propres compatriotes, il raconte le bien comme le mal avec un calme inaltérable. Rencontre-t-il par hasard sur son chemin parmi les émirs de la Péninsule et les califes de Damas un honnête homme ou un bon prince, il ne manque jamais d'en faire l'éloge et d'en rappeler les vertus. Son témoignage est d'ailleurs confirmé en tant que de besoin par ce que d'autres écrivains nous ont appris des brutales façons d'agir des Arabes en pays conquis. Leur gouvernement, presque dès son début, prit en effet dans l'immense territoire soumis à sa domination des allures très-prononcées de violence et de rapine. Califes, gouverneurs de provinces, chefs inférieurs, et jusqu'aux derniers goujats de la race d'Ismaël, poussèrent si loin leur insolence, leurs exactions et leurs cruautés ; ils étalèrent sans vergogne un tel luxe de tyrannie, que dès le milieu du VIIIe siècle une insurrection formidable des peuples conquis éclatait sur presque toute la surface du nouvel empire. En Egypte, les Cophtes si pacifiques d'ordinaire et façonnés de longue main à la servitude prirent les armes contre leurs oppresseurs ; tandis que les Berbers du nord de l'Afrique, soulevés en masse, égorgeaient les Arabes établis dans leur pays, et se donnaient la liberté de battre outrageusement les armées venues de Damas pour les réduire[1].

Livrée aux mêmes tyrans, l'Espagne ne pouvait évidemment que partager le sort commun. Il serait par trop naïf de supposer qu'en traversant le détroit de Gibraltar, et avant d'aborder aux rivages de la Péninsule, les Arabes envahisseurs aient jeté à la mer leur vieux bagage d'avarice et de barbarie. A défaut de tout document contemporain, nous pourrions donc, d'après leurs seuls antécédents, affirmer, sans crainte d'erreur, que de ces bédouins aussi rapaces qu'insolents les Espagnols ne pouvaient attendre ni justice, ni pitié? Comment dès lors le nier ou le révoquer en doute en présence de la narration si claire et si précise d'Isidore de Béja? N'oublions pas d'ailleurs que ces mêmes Arabes d'Es-

---

[1] Cf. Isid. Pacens. *chron.*, c. LVII (63 dans Florez); Dozy, *Hist.*, I, 229, 230, 333 svv.

pagne accablèrent de si mauvais traitements les Maures musulmans de Târic, qu'ils les poussèrent à une insurrection générale, suivie d'une guerre d'extermination, dont M. Dozy raconte les sanglantes péripéties dans son histoire[1]. Est-il vraisemblable, je le demande, que ces hommes, si impitoyables pour leurs coreligionaires et leurs compagnons d'armes, aient épargné les chrétiens doublement méprisables à leurs yeux, et comme vaincus et comme chrétiens ?

Dira-t-on qu'avec les années la férocité native des conquérants de l'Espagne s'adoucit et s'apprivoisa? Pure illusion, dont l'historien des Musulmans fait justice dans les meilleurs termes : « Il arriva en Espagne, dit-il, ce qui arriva dans tous « les pays que les Arabes avaient conquis : leur domination, « *de douce et d'humaine qu'elle était d'abord*, dégénéra en « un despotisme intolérable. Dès le ixe siècle, les conquérants « de la Péninsule suivaient à la lettre le conseil du calife « Omar qui avait dit assez crûment : « Nous devons manger « les chrétiens, et nos descendants doivent manger les leurs « tant que durera l'islamisme[2]. » Sauf les mots soulignés, ce passage de l'historien des musulmans est l'expression exacte de la vérité. Non-seulement le joug de la servitude sous lequel gémissaient les chrétiens vaincus et soumis, ne reçut aucun allégement sous les sultans omayades qui succédèrent aux simples émirs dans le gouvernement de l'Espagne, mais il s'aggrava de tout le poids d'une persécution tantôt hypocrite et tantôt sanglante, dont nous aurons à parler plus tard, lorsque nous traiterons de la tolérance musulmane et du fanatisme espagnol. Quant à la guerre dirigée contre les chrétiens indépendants, elle conserva, du côté des Sarrasins, en pleine floraison de cette civilisation arabe beaucoup trop vantée, son caractère primitif de férocité et de barbarie.

Ouvrons pour nous en convaincre l'histoire des califes polis et lettrés de la docte Cordoue, et celle de leurs visirs les plus renommés par l'étendue de leur savoir ou l'élégance de leurs manières ; l'histoire d'Almanzor par exemple, ou d'Abdérame III, auxquels M. Dozy ne marchande ni son estime ni

---

[1] Dozy, *Hist.*, 1, 255, *Recherches*, I, p. 128. Cf. Isid. Pacens, *chron.*, 56, 58 (Florez, 58, 64).

[2] Dozy, *Hist.*, II, p. 50.

son admiration : qu'y voyons-nous ? Chacune de leurs campagnes ou de leurs razzias laissant après elle dans les provinces
envahies une longue trace de sang. Et ce sang n'était pas
toujours, tant s'en faut, versé dans la première ivresse d'un
assaut victorieux. Almanzor emporte la forteresse et la ville
de Simancas, il les ruine de fond en comble, après avoir passé
au fil de l'épée toute la population chrétienne, sauf un petit
nombre de malheureux épargnés par lassitude ou par caprice.
Ces captifs, traînés en triomphe à Cordoue, sont jetés au fond
d'un cachot, et y restent enfermés pendant deux ans et demi,
les pieds dans des entraves, et le corps chargé de lourdes
chaines. S'ils en sortent parfois, c'est pour être appliqués
aux plus pénibles travaux, et alors même on ne leur ôte pas
leurs fers. Enfin, un beau jour, ils sont tirés de leur prison
par l'ordre d'Almanzor, et décapités jusqu'au dernier sur la
place publique. Quel était leur crime ? celui d'être restés
fidèles à Jésus-Christ. Leur patience, leur résignation, leurs
prières fatiguaient et importunaient le tout-puissant visir ; ne
pouvant les forcer à l'apostasie, il s'en débarrassait par le
martyre[1]. Ce n'est pas là un fait exceptionnel dans la vie d'Almanzor : les scènes sanglantes de Simancas avaient été pré-
cédées par les scènes du même genre dont Zamora et son
territoire furent le théâtre. L'*horrible boucherie*[2] exécutée plus
tard sous les yeux du même général, dans la ville de Léon et
dans la province dont elle est la capitale, les surpassa de
beaucoup, et les fit oublier[3].

Mais, après tout, cet Almanzor n'était qu'un parvenu ; or
on sait que dans cette classe d'hommes persiste toujours un

[1] Pauci qui remanserant... in Cordubensem urbem
Ducti ad captivitatem
Onere catenarum onusti
Atque ferro vincti
Et carcere trusi
Duos annos et dimidium
Ibi peregerunt, laudantes et benedicentes Deum. »
        Charta Bermudi II (a. 385, *Esp. Sagr.*, XIV, 397.)
Cette charte très-intéressante raconte en détail les massacres de Simancas et
le martyre des captifs. Sur les travaux auxquels Almanzor employait ses prison-
niers chrétiens, voyez Dozy, *Hist. des Musulm.*, III, 205, 206.

[2] Ce sont les propres expressions de M. Dozy, *ibid.*, p. 208.

[3] Cf. Dozy, *ibid.*, pp. 190, 191, 207 suiv.

certain fond d'insolence et de brutalité, qui ne dégénère que trop souvent en barbarie bien caractérisée. Adressons-nous donc à un prince de vieille race, au type accompli de la civilisation hispano-arabe, au très-noble, très-grand et très-magnanime Abdérame III, et cueillons dans son verger d'honneur et de gloire militaire, quelques-unes des fleurs dont il est émaillé. Quelle déception! Toutes sont rouges du sang chrétien. Comme Almanzor, Abdérame coupait et faisait couper les têtes avec un laisser-aller et une prodigalité vraiment admirables. Il prend la ville ou le château de Muez, et, par son ordre, les mille Léonais et Navarrais qui défendaient cette place sont décapités[1]; Catalayud lui est livrée par le gouverneur musulman allié des chrétiens; les Alavais, en garnison dans la ville, sont décapités[2]. Battu par Ramire II, le calife ne se hasarde plus à commander en personne les expéditions entreprises contre les chrétiens du Nord; mais ses généraux le remplacent dignement, et la moisson de têtes coupées lui parvient nombreuse et fournie jusqu'à Cordoue. En une seule année, il en reçoit cinq mille, et ces hideux trophées exposés en public réjouissent le cœur et les yeux du prince et de son peuple[3]. Abdérame savait au reste varier ses plaisirs; en ceci il l'emportait sur Almanzor. Ce dernier décapitait et décapitait encore, en campagne comme dans ses quartiers d'hiver: c'était brutal, mais passablement monotone. L'Omayade, plus raffiné dans ses goûts moresques, choisissait parmi les Espagnols que le sort des batailles avait jetés dans ses prisons, un otage confié à sa loyauté, un pauvre enfant de treize ans, rayonnant de beauté, d'innocence et de grâce, le faisait comparaître en sa présence, et lui proposait de l'initier à l'antique civilisation de Sodome. Puis, furieux de voir le jeune Pélage repousser ses infâmes sollicitations avec autant de mépris que de dégoût, il le livrait à des satellites dont l'ingénieuse cruauté prolongeait à plaisir les tourments du martyr sous les yeux de leur noble et gracieux souverain[4].

---

[1] Dozy, *ibid.*, III, 44.
[2] *Id. ibid.*, 54.
[3] *Id. Ibid.*, 74.
[4] Cum eum rex joculariter tangere vellet: — Tolle, canis, inquit sanctus Pe-

Les morts ont leur tour après les vivants. Entré enfin dans la citadelle de Bobastro d'où pendant quarante années, Omar ibn-Hafsoun l'intrépide chef des chrétiens du sud avait bravé toute la puissance des sultans d'Espagne, Abdérame se donne le plaisir d'exhumer le cadavre du héros, et, par son ordre, ces glorieux restes cloués à un vil poteau sur une des places de Cordoue y sont livrés aux outrages de la populace. Ce fut là, ajoute un chroniqueur arabe qui connaissait bien ses coreligionnaires, un doux spectacle aux yeux des vrais croyants[1]. M. Dozy essaye à la vérité d'atténuer l'odieux de cette profanation en supposant qu'en cette occasion le calife eut la main forcée par son entourage; mais Abdérame III — et les récits de son moderne panégyriste le prouvent sans réplique[2] — n'était pas homme à se plier aux caprices de ses faquis: on ne faisait chez lui que ce qu'il voulait. Quant au lâche et cruel assassinat de Pélage, l'historien des Musulmans — par oubli sans doute ou par distraction — n'en souffle pas le plus léger mot. Ceci nous explique comment, à propos du massacre des deux cents moines inoffensifs de Cardeña par une armée musulmane que ce prince aurait commandée[3], M. Dozy a pu déclarer que, dans sa conviction, ce prince était *trop humain* pour avoir ordonné un acte aussi barbare[4]. » Ma conviction est tout opposée. Une humanité qui fouillait les tombes pour en retirer des cadavres qu'elle mettait au pilori, qui ne respectait ni la pudeur de l'enfance, ni les vies protégées par le droit des gens, a pu non-seulement autoriser l'horrible tuerie des moines de Cardeña, mais s'y complaire. Ce qu'il y a de sûr, c'est que moi, religieux, je ne me serais pas fié plus que de raison à cette humanité d'espèce nouvelle.

---

lagius, numquid me similem tuis effeminatum existimas? — ... Rex... Appendite, inquit, illum in forcipes ferreas, et strictim tamdiu sursum deorsum vicissim levantes deponite, quousque Christum Dominum deneget... Cum immobilem rex constantiam videret, jussit eum membratim scindi.... qua ministri potestate accepta... alius brachium radicitus amputavit, alius tibias desecavit, etc., etc. » AA. S. Pelagii, *Esp. Sagr.*, XVIII, escr. 4.

[1] Dozy, *Hist. des Musulm.*, II, 344.

[2] *Id. ibid.*, 335, 336.

[3] Cf. Dozy, *Recherches*, I, 164-170. Même après la lecture de cette savante étude, il me reste dans l'esprit des doutes très-sérieux sur la véritable date de cet événement; mais ce n'est pas ici le lieu de les discuter.

[4] Dozy, *Recherches*, I, 170.

III

Quoi qu'il en soit, il reste démontré que, dans tout le cours du haut moyen âge, c'est-à-dire du viiie siècle à la fin du xe, les Arabes civilisés de Cordoue se montrèrent cruels et impitoyables envers les chrétiens espagnols soumis ou indépendants. On aurait grand tort d'en être surpris. Vindicatifs et sanguinaires par tempérament, comme ne le prouve que trop l'incroyable férocité de leurs luttes intestines [1], les Arabes ne pouvaient ménager des infidèles obstinés, dont l'oppression systématique ou l'extermination était regardée par eux comme un devoir de conscience. Ils tenaient d'autant plus à s'y montrer fidèles, que, dès l'origine de l'Islam, leurs pères et leurs maîtres les plus vénérés l'avaient scrupuleusement rempli. Mahomet et ses disciples armés ne connurent et n'employèrent pas d'autre moyen pour triompher des résistances que soulevaient leurs prédications [2]. Depuis lors et jusqu'a nos jours, les Musulmans en ont usé sans retenue, et ils ne cesseront de l'employer qu'en cessant d'être musulmans [3]. Ils ont beau de temps à autre s'enfariner d'une civilisation d'emprunt, le fond reste le même et la barbarie inoculée par le Coran, si la crainte ou l'intérêt ne la contiennent pas, perce toujours par quelque endroit. Les massacres de Djeddah, du Liban, de Damas et de la Syrie, accomplis dans ces dernières années, éclairent ce fait d'une éclatante et sinistre lumière. D'un autre côté, les voyageurs les mieux informés s'accordent en ce point, que l'introduction de l'Islamisme a pour résultat unique de jeter ou d'enfoncer plus avant dans la barbarie morale les peuples qui, de gré ou de force, ont le malheur de l'embrasser [4].

[1] Voir entre autres les récits de la prise de Médine par les Arabes syriens, et des égorgements dont fut suivie en Espagne la victoire de Secunda, dans Dozy, *Hist. des Musulm.*, I, pp. 103 et suiv. 287, 288.

[2] Cf. Dozy, *ibid.*, p. 28, 33-35, 115-151, etc., etc.

[3] Si l'on veut se faire quelque idée de la façon dont les Musulmans, affranchis de la surveillance des puissances européennes, traitent leurs voisins keffirs ou infidèles, qu'on lise dans M. Mage (*Voyage au Soudan occidental*, p. 90 et suiv.), l'expédition d'Ahmadou contre les tribus fétichistes de son voisinage ; ou dans le général Daumas (*Le Grand Désert*, pp. 236, 237, 250, 251), la chasse aux hommes exécutée par ordre du sultan Belou.

[4] Cf. Palgrave, *Voyage dans l'Arable centrale*, I, p. 111, 131, 135, 153, 228,

On est en vérité bien venu après cela de reprocher leur cruauté aux défenseurs de l'indépendance espagnole au x° siècle ! Dans une histoire des Musulmans de la Péninsule, histoire dont chaque page porte avec elle une tache de sang arabe ou chrétien, ce reproche, injuste en lui-même, ne peut être pris au sérieux : c'est, tranchons le mot, une amère moquerie. Certes, je ne prétends pas transformer tous les rudes batailleurs du Nord en modèles de mansuétude et en lauréats du prix de vertu : ce serait, à mon tour, persifler le lecteur ; mais je maintiens que dans leurs guerres contre les Sarrasins ils n'ont généralement pas outrepassé les bornes des justes représailles. Parfois même oubliant leurs trop légitimes griefs, ils ont cédé aux nobles impulsions d'une générosité vraiment chevaleresque que leurs ennemis n'imitèrent jamais. Quel autre mobile assigner, en effet, à la conduite d'Ordoño I épargnant la vie et rendant la liberté à l'émir de Talamanca emportée d'assaut [1] ; ou à celle de ce caballero inconnu qui, dans la grande déroute d'Albelda, donnait son propre cheval au chef des Musulmans, l'émir Mousà de Sarragosse, vaincu, blessé et démonté, et l'arrachait ainsi au danger imminent de mort ou d'esclavage [2]. On oublie d'ailleurs une circonstance qui change du tout au tout l'état de la question. Se fussent-ils montrés aussi barbares que les Maures, les chrétiens espagnols pourraient encore alléguer comme excuse de leurs excès les intolérables provocations auxquelles ces actes répondaient. Toute blessure infligée par le voleur de grand chemin au voyageur qu'il dépouille, ajoute au premier crime du bandit, un crime de plus. Mais quel tribunal, si sévère qu'on le suppose, s'avisera jamais de demander compte à l'honnête homme, assailli dans ses propres foyers, des coups trop nombreux que dans l'ardeur de la

et II, 38-41 (éd. française) ; — Arnaud d'Abbadie, *Douze ans dans la Haute-Ethiopie*, pp. 223-225, 303, 307 ; — Mage. *Voyage*, etc., pp. 61, col. 1, et 82, 93, 94, 112, col. 2 (*Tour du monde*, année 1868). Je transcris la conclusion finale du dernier de ces voyageurs : « Tous les maux de l'Afrique proviennent de l'Islamisme. Ni dans nos colonies actuelles, ni dans celles qu'on fondera plus tard... même quand il se présente sous les formes les plus séduisantes... on ne doit l'encourager. Le combattre ouvertement serait peut-être un mal ; l'encourager en est un plus grand : c'est un crime par complicité. »

Chron., *Albeld.*, c. CLXXVII (Florez, 60).

[2] Chron., *Albeld.*, c. CLXXVII.

défense il a portés aux brigands qui menaçaient ses biens, son honneur et sa vie, celle de sa femme et de ses enfants? Les Arabes, en Espagne, ne furent jamais que des voleurs dans la maison d'autrui.

Nous savons maintenant ce qu'il faut penser de la cruauté des chrétiens de Léon et des Asturies: passons à leur fanatisme.

IV

Tolérance, fanatisme et *fanatiques* sont de très-gros mots fort équivoques dont on abuse à outrance, et qui d'ordinaire servent d'étiquette à de pitoyables lieux communs. Je regrette de les retrouver si souvent, et presque toujours hors de propos, sous la plume de M. Dozy. Pour réveiller et piquer la curiosité des lecteurs, les ouvrages de cet écrivain distingué n'avaient nul besoin de ces infimes ingrédients. Mieux inspiré, l'auteur en eût abandonné l'emploi à ces compilateurs ridicules, dont les histoires d'Espagne portent en vedette au haut de chaque page le croquis d'un inquisiteur. Mais, puisque le savant professeur de Leyde veut bien descendre à ces banalités, n'hésitons pas à le suivre.

Les Espagnols du haut moyen âge — les seuls dont nous ayons à nous occuper en ce moment — furent-ils des fanatiques? Oui et non, suivant le sens qu'on rattache à cette expression.

Le fanatisme d'un peuple consiste-t-il dans l'attachement inébranlable à sa foi religieuse et à son indépendance nationale également menacées; ou bien encore dans la résistance désespérée qu'il oppose à tous ceux qui veulent lui ravir ces doux et chers trésors? M. Dozy a pleinement raison. Jamais en aucun pays ni en aucun temps — sauf en Irlande — depuis que le monde existe, il ne s'est rencontré de fanatiques aussi déterminés et aussi inflexibles que les chrétiens du Nord de l'Espagne. Seulement, au lieu de blâmer ou de bafouer ce fanatisme héroïque, je l'admire, et je crois qu'aux yeux de l'équitable postérité, comme aux miens, il sera toujours le plus beau titre de gloire de la nation qui s'y abandonna corps et âme. Car le fanatisme ainsi compris n'est autre chose que le dévoûment à Dieu et à la patrie. J'en suis donc fier pour l'Espagne, et si, comme l'affirme avec vérité l'historien des Musulmans, le clergé, par sa prédication, éveilla et entretint ce fanatisme au fond des âmes, j'en suis fier pour le clergé espagnol.

Oui, quand il exhortait ses concitoyens à reconquérir par la force, mise au service du droit, ce dont la force brutale les avait dépouillés, quand il imposait à leur conscience l'obligation de poursuivre sans relâche et de chasser hors de l'Espagne chrétienne ses indignes oppresseurs [1]; quand il promettait, au nom du Christ Sauveur et Roi, à tous ceux qui combattaient et mouraient pour la cause de la justice, les récompenses éternelles; le prêtre asturien, galicien, léonais ou castillan remplissait vaillamment son devoir d'honnête homme et d'homme de Dieu.

Ce devoir sacré, le clergé espagnol le remplit jusqu'au bout, c'est-à-dire jusqu'à l'expulsion totale des Arabes; il le remplit aussi dans toute son étendue. Ce n'était pas assez pour lui de prêcher la guerre sainte du haut de la chaire chrétienne, il voulut, dans la mesure du possible, en partager les travaux et les dangers. Une armée ne se mettait donc pas en mouvement pour aller combattre les infidèles sans être accompagnée d'un ou plusieurs évêques, dont la présence et la parole soutenaient et ranimaient au besoin, dans le cours de la campagne, le courage des chefs et des soldats [2]. C'est en vertu de cet usage que saint Gennade, évêque d'Astorga, suivait Alphonse le Grand dans sa dernière et glorieuse expédition contre les Maures [3]; et que peu d'années après, à la funeste journée de Junquera, où les rois de Léon et de Navarre furent vaincus

[1] Je mets ici les choses au pire, pour faire la part plus belle aux accusateurs du clergé espagnol. En réalité, ses exigences n'allaient pas aussi loin. Du commencement à la fin de la guerre, les chrétiens, guidés et inspirés par lui, laissaient assez volontiers aux Musulmans l'alternative de vivre soumis à leurs vainqueurs, ou de retourner dans leur première patrie. Telles furent les conditions offertes aux Sarrasins de Lisbonne en 1147, par l'archevêque de Braga. Cf. *Monumenta Portugaliæ hist.*, t. I, p. 398.

[2] « Mos est autem Regis fidelium christianorum, ut sua simul secum in expeditione episcopos habeat. » Raguel, *AA. S. Pelagii*, c. II (*Esp. Sagr.*, XXIII, p. 232). Ces actes ont été écrits très-peu de temps après le martyre de Pélage, et au plus tard vers 930.

[3] Florez, *Esp. Sagr.*, XVI, p. 139.

par Abdérame III, deux évêques, amenés par Ordoño II, Her-
moygius de Tuy et Dulcidius de Salamanque, faits prisonniers
sur le champ de bataille, étaient chargés de fers et jetés dans
les cachots de Cordoue[1].

Ces divers prélats, associés par leur dévoûment et la confiance royale aux hasards de la croisade, n'usaient d'habitude
que d'armes spirituelles : prier le Dieu des armées de donner
la victoire à ses serviteurs, encourager les chrétiens aux prises
avec l'ennemi, consoler ou secourir les blessés, suffisait à leur
zèle. Aller plus loin, et combattre eux-mêmes les mécréants,
leur était encore interdit par les lois canoniques de l'église
hispano-romaine en pleine vigueur au x⁰ siècle, et confirmées
au milieu du siècle suivant par le concile de Coyanza célébré
sous Ferdinand I de Castille[2]. Remarquons toutefois que cette
prohibition n'avait été décrétée et maintenue qu'en vue des
circonstances ordinaires, et nullement pour les cas de néces-
sité grave ou de danger imminent créés à l'Église de Dieu et
à la patrie chrétienne par les attaques de la barbarie ou de
l'infidélité. Alors, en effet, moines, prêtres et évêques pouvaient légitimement saisir la lance ou l'épée, et mettre leurs
bras au service de leur Dieu et de leur pays. La période du
moyen âge espagnol qui nous occupe, nous montre qu'à l'occasion ils le faisaient sans hésitation et sans scrupule.

Aux jours les plus néfastes de l'Espagne chrétienne, sous
le règne du jeune Ramire III, ou plutôt de sa tante Elvire,
proclamée reine par les cortès de Léon[3], des bandes nombreuses de pirates normands ou norwégiens, débarquées sur
les côtes de la Galice, marchent sur Compostelle, mettant tout
à feu et à sang sur leur passage. Sisenand, évêque de cette
ville, réunit aussitôt les milices du territoire légué par les rois
à l'apôtre saint Jacques, se jette avec elles en travers de l'in-

---

[1] Raguel, *AA. S. Pelagii*, c. II ; Sampiri, *chron.*, c. LV (récension du moine
de Silos).

[2] Concil. Tolet, I (a. 400), can. 8 ; concil. Ilerdense (a-546), can. 1 et 44 ;
Tolet. IV (a-633), can. 45 ; concil. Cojacense (a. 1050), can. 3.—C'est, sans doute,
par application du décret porté dans le premier concile de Tolède, qu'au x⁰ siècle, le vieux caballero Hermégilde, entré dans les ordres après avoir longtemps guerroyé contre les Maures, dut s'arrêter au diaconat. Cf. Risco, *Esp.
Sagr.*, xxxiv, 220.

[3] Cf. Risco, *Esp. Sagr.*, t. XXXIV, escr. 20 ; et *Hist. de Leon*, p 213, 214.

vasion et meurt en combattant pour le salut de son troupeau.
A la première nouvelle de ce désastre, l'ancien évêque de
Mondoñedo, saint Rudesinde, répondant à l'appel de la reine,
quitte sa chère et douce retraite de Celanova, rallie autour de
lui les Galiciens démoralisés par la défaite de Sisenand, les
mène contre les forbans du Nord qu'il force à se rembarquer;
puis, se retournant contre les Sarrasins qui ravageaient la
partie méridionale de la province, il les bat et les refoule hors
des frontières[1]. Aux siècles suivants, ce n'était plus par les
actes isolés de quelques-uns de ses membres, que l'Église
d'Espagne concourait à la guerre de défense ou de recon-
quête. Du fond de ses cloîtres s'élançaient des légions de
moines-soldats, organisées par ses soins, dont l'indomptable
bravoure et les merveilleux faits d'armes ont rendu à jamais
glorieux les noms d'Alcantara, de Calatrava et de saint Jacques
de l'Épée.

On voudra bien me pardonner cette digression. Je tenais à
préciser dans ses derniers détails la part qui revient au clergé
de l'Espagne chrétienne dans la lutte engagée contre les musulmans. Je suis heureux d'avoir constaté qu'il n'en fut pas
seulement l'inspirateur, mais qu'au besoin il paya de sa personne, et ne se sépara jamais des populations qu'il poussait
au combat. Prêtres et fidèles s'élancèrent donc d'un même
élan contre l'ennemi commun, sous l'impulsion d'un égal dévoûment à la noble et sainte cause de la foi, de la justice et de
la liberté. Car, n'en déplaise à M. Dozy, ce dévoûment des Léonais ou des Castillans se dépensait au profit de cette cause
sacrée, beaucoup plus qu'à celui de telle ou telle classe de
personnes. Dans tout le cours de cette interminable croisade
contre les Sarrasins de la Péninsule, les chrétiens du Nord ne
perdirent pas un moment de vue le double but que Pélage et
ses compagnons s'étaient proposé à l'origine même de leur
prise d'armes : le châtiment des pillards étrangers ou des *barbares*, comme ils les appelaient, et la revendication du sol na-
tal qu'une injuste agression leur avait ravi. Les chefs et les
guides qu'ils s'étaient donnés rappelaient d'ailleurs assez sou-

[1] Florez, *Esp. Sagr.*, XIX, p. 157, § 111; S. Rudesindi vit, c. IV (*Monum Portugal. hist.*, I, p. 35); et Florez, l. c., p. 163.

vent ce double but à leurs soldats, pour ne pas permettre
aux plus grossiers d'entre eux de l'ignorer ou de l'oublier.
Alphonse le Grand, en prenant, dès le début de son règne, le
titre « d'empereur de toute l'Espagne, » affichait hautement
ses prétentions et celles de son peuple à la domination exclu-
sive du pays qui leur appartenait de droit[1]. Vers la même
époque, un écrivain anonyme les consignait sous forme de
vœux adressés au ciel avec la certitude d'être exaucé : « Plaise
à la divine bonté, écrivait-il, chasser promptement ces Ismaé-
lites loin de nos provinces, au delà des mers, et mettre les
fidèles du Christ en perpétuelle possession de leur royaume[2]. »
Plus tard encore, le Cid Campeador, Rodrigue de Bivar, allait
répétant à qui voulait l'entendre : « Sous un Rodrigue, cette
Péninsule a été conquise; un autre Rodrigue la délivrera[3]. »

Les Espagnols du moyen âge, clercs ou laïques, nobles ou
roturiers, savaient donc parfaitement ce qu'ils voulaient, et
ce qu'ils voulaient était juste et bon. Si c'est là du fanatisme,
tous, je le répète à leur honneur, en furent possédés, et c'est
ce qui les fit si glorieux et si grands. Nous ne perdrions rien
à leur ressembler.

V

Faut-il, au contraire, entendre par *fanatisme* ce zèle aveugle
et outré qui pousse les malheureux dont il tourne la tête et
pervertit le cœur, à imposer de vive force à leurs voisins inoffensifs les croyances dont ils se sont infatués eux-mêmes, et que
ceux-ci ne partagent pas; à les dépouiller et à les égorger,
s'ils se montrent récalcitrants? Alors, je me demande à quel
titre ou pour quel motif M. Dozy traite de fanatiques les vieux
chrétiens de la Galice et des Asturies. Je ne vois nulle part que
ces représentants de la race hispano-gothique aient été cher-
cher les Arabes dans leur pays, ni qu'ils aient essayé de les

[1] « In Dei nomine, Ego Adefonsus totius Hispaniæ imperator, etc. » *Esp.
Sagr.*, XVIII, escr. 4.

[2] *Chron. Albeld..* c. LXXXIII (éd. Florez).

[3] Dozy, *Recherches*, II, 24. Voyez aussi le discours de l'évêque de Porto aux
croisés anglais et flamands, et celui de l'archevêque de Braga aux Sarrasins de
Lisbonne, dans la relation épistolaire de la prise de cette dernière ville. *Monum.
Portug.*, p. 304, col. 2, 393).

convertir à grands coups de sabre. Loin de là : lorsque ces farouches sectaires mettaient à feu et à sang tout le littoral africain d'Alexandrie à Ceuta, les Espagnols, tranquilles chez eux, ne songèrent à rien moins qu'à prendre les armes pour voler au secours des populations qu'on pillait et massacrait presque sous leurs yeux et sans provocation, de l'autre côté du détroit. Ils auraient pu le faire cependant sans manquer au droit des nations ; ils l'auraient dû peut-être ; car enfin les victimes de l'invasion sarrasine en Afrique étaient leurs frères dans la foi et les enfants d'une mère commune. Si nous retrouvons peu d'années après les Espagnols guerroyant contre les Arabes au sein de la Péninsule, tout le monde sait quels furent les premiers agresseurs, et de quel côté on se proposait pour but la propagande des idées religieuses. Même au plus fort de cette guerre aussi légitime dans sa cause — la défense de la religion et de la patrie — qu'équitable dans son but — l'expulsion totale d'envahisseurs étrangers, — rien dans la conduite des chrétiens d'Espagne, ne justifie le reproche de fanatisme dont on charge leur mémoire. Ces braves gens, je le reconnais volontiers, combattaient avec un acharnement obstiné ; ils tuaient de leur mieux les Sarrasins, tant dans le cours de l'action que dans la poursuite, et réduisaient en servitude les débris de l'armée vaincue ; mais ce n'est pas là du fanatisme : c'est, nous l'avons déjà constaté, la guerre telle qu'on la comprenait et la pratiquait alors. De prosélytisme armé, pas la plus légère trace. Qu'on prenne la période trois fois séculaire comprise entre Pélage et Alphonse V de Léon (718 - 1027), on y cherchera vainement un fait analogue à celui que nous racontions naguère : des captifs musulmans tirés de leur cachot et décapités parce qu'ils refusaient d'échanger le Coran contre l'Évangile. Mais on y verra les rois chrétiens ouvrant, sans condition, un asile honorable aux Arabes proscrits par leurs propres sultans ; ou entretenant les relations les plus amicales avec leurs adversaires, quand ceux-ci, humiliés par leurs défaites, sollicitaient une alliance devenue utile ou nécessaire. On y verra encore, soit dit en passant, les musulmans répondre à cette générosité et à cette confiance par une de ces odieuses trahisons, qui, de tout temps, se sont épanouies à l'aise aux rayons de la brillante civilisation arabe[1]. Rappelons enfin pour mémoire deux faits acceptés comme vrais par M. Dozy, et qui tous deux jurent étrangement avec la prétendue intolérance des Espagnols du moyen âge : Alphonse le Grand, confiant l'éducation de son second fils Ordoño à l'émir de Sarragosse, son allié et son ami ; Alphonse IV, cinquante ans plus tard, admettant deux Arabes parmi ses familiers et les officiers de sa cour[2].

C'est donc pure méprise de la part de l'historien des Musulmans que d'être allé en quête de fanatiques du côté des Asturies ou de Léon. Ce n'est pas là qu'il pouvait espérer les rencontrer. Sans sortir de Cordoue, et parmi ces Arabes dont il oppose la tolérance au chimérique fanatisme des chrétiens, il eût trouvé sous sa main, aux deux plus beaux siècles de l'Espagne sarrasine, une collection aussi complète que variée de vrais fanatiques, maîtres jurés dans la détestable science d'opprimer et de torturer la conscience de leur prochain. Nous essayerons, dans un prochain article, de revenir sur cette méprise, et d'étudier sur le vif la tolérance dont M. Dozy fait si bénévolement honneur aux Musulmans de la Péninsule.

---

[1] Cf. Adefonsi III, *Chron.*, c. XXII; Alphonsi II *donat.* (*Esp. Sagr.*, XL, p. 370); *Acta* Concil. Ovet. (*Ibid.*, XXXVII, p. 300) — je cite cette dernière pièce, sans garantir en aucune façon l'authenticité de toutes ses parties; — Sancti Æmiliani seu Albeldæ, *Chron.*, c. CLX (éd. Florez, 67); Samp., *Chron.*, c. XXII; Monachi Silens. *Chron.*, c. LX, LXI. Au reste, M. Dozy reconnaît franchement et loyalement que la perfidie fut toujours le péché mignon des Arabes. Parlant dans un de ses ouvrages de deux traîtres de haute volée, « l'un et l'autre, dit-il, étaient Arabes dans le vrai sens du mot, c'est-à-dire extrêmement perfides. » (*Recherches*, I, p. 229.)

[2] Dozy, *Hist. des Musulm.*, III, 22; *Recherches*, I, 226. Je ne crois pas plus à l'éducation musulmane d'Ordoño II qu'à l'entourage arabe d'Alphonse IV. Je reviendrai dans le cours de ce travail sur ce dernier fait, parce ce qu'il se rattache à la question que je traite en ce moment. Quant au premier, je me réserve de l'examiner à fond dans mes « Études sur l'Espagne chrétienne du haut moyen âge, » dont ces pages ne sont qu'un fragment.